Vente des 25, 26 et 27 Mars 1863

COLLECTION DE M. C. SÉCHAN

PEINTRE-DÉCORATEUR

MEUBLES ANCIENS EN BOIS SCULPTÉ

M. Ch. PILLET, Commissaire-Priseur

MM. MANNHEIM, Experts

PARIS. IMPRIMERIE DE PILLET FILS AINÉ
5, RUE DES GRANDS-AUGUSTINS.

CATALOGUE
D'ANCIENS MEUBLES
EN BOIS SCULPTÉ

DES ÉPOQUES

LOUIS XIII, LOUIS XIV, LOUIS XV & LOUIS XVI

FORMANT LA COLLECTION

DE M. C. SÉCHAN

PEINTRE DÉCORATEUR

Siéges, Lits, Écrans, Glaces, Cadres, Consoles, Tables, Commodes, Bureau, Secrétaire, Vitrine, Bahut, Encoignures, Candélabres, Appliques, Porte-Lumières, Bras en bronze, Torchères en bois, Fragments de Sculptures sur bois, Bronzes, Modèles en bronze et en plâtre, Tapisseries, Étoffes et Passementeries, et Objets divers

AVEC TOUS LES DROITS DE REPRODUCTION DES MODÈLES

EXPOSITION

Les Dimanche 22, Lundi 23 et Mardi 24 Mars 1863

VENTE

Les Mercredi 25, Jeudi 26 et Vendredi 27 Mars 1863

DE 1 HEURE A 5 HEURES

A L'ATELIER DE M. C. SÉCHAN

Rue Turgot, 10 (faub. Montmartre).

Me **CHARLES PILLET**, Commissaire-Priseur, rue de Choiseul, 11,

MM. **MANNHEIM** père et fils, Experts, rue de la Paix, 10,

Chez lesquels se distribue le présent Catalogue.

PARIS — 1863

CONDITIONS DE LA VENTE

Elle sera faite au comptant.

Les adjudicataires payeront *cinq pour cent* en sus des enchères, applicables aux frais.

Paris. — Imp. Pillet fils aîné, rue des Grands-Augustins, 5.

LA VENTE DE M. SÉCHAN

PEINTRE DÉCORATEUR

Les honnêtes gens restés fidèles au culte ancien, les artistes sérieux, amis des belles choses, ce monde à part qui se plaît aux œuvres du passé, qui, sur un seul fragment recompose habilement tout un siècle, apprendront avec joie (et c'est un véritable événement) que M. Séchan, bien connu dans le grand art de montrer aux yeux les monuments des belles époques, met en vente un assemblage incroyable de meubles de toute espèce et dans tous les genres, empruntés au siècle éclatant de Louis XIV, au règne ingénieux de Louis XV, et plus tard encore, à l'heure où le *rococo rageur*, mis à la mode par madame de Pompadour, disparaît pour faire place à un art plus simple et plus voisin des belles lignes d'autrefois. Ainsi, dans cette incroyable amas de splendeurs, pas un fragment plus ancien que l'an de grâce 1650, et plus moderne que 1789. Voilà nos trois époques ; nous laissons le reste aux antiquaires de profession, nous ne le reconnaissons pas. Tous ces fragments, dont le plus grand nombre est d'une excellente conservation, sont disposés au numéro 10 de la rue Turgot, dans l'atelier de M. Séchan. L'exposition publique est annoncée pour les dimanche 22, lundi 23 et mardi 24 mars ; la vente aura lieu les trois jours suivants. Depuis le jour, où feu le château de Bercy, semblable au château de la Belle aux Bois dormant, ouvrit soudain ses portes fermées depuis un demi-siècle, et s'offrit aux curieux dans sa ruine élégante et dans sa majesté vermoulue, les regards et les esprits, curieux de ces vestiges d'un temps qui n'est plus, n'ont rien entrevu de plus rare, et qui soit plus digne de leur étude et de leur intérêt.

Commençons par Jupiter. Le premier que nous saluerons dans ce Louvre où va régner le commissaire-priseur au sceptre d'ivoire, c'est Louis XIV. Nous irons tout de suite au grand Versailles, à l'heure où la fête était partout, ou Molière et Lulli cachaient leur théâtre à l'extrémité du Tapis Vert. Vous reconnaîtrez en ce lieu l'ameublement de Versailles à l'ampleur des fauteuils, à la grandeur des canapés, où si peu de seigneurs osaient s'asseoir. Tout est grand, vaste et solennel. Le meuble est un ornement chez le grand roi.

La bergère et la chaise longue, et toutes les mollesses du règne qui va venir ne sont pas encore inventées. Sculpture élégante et correcte, on trouvera pour le moins cinquante fauteuils de la grande époque, qui gardent encore de leurs beaux jours des fragments de soie éteinte, ou de velours usé. De grandes chaises en bois peint, garnies et non garnies, de larges écrans à la taille de ces vastes cheminées, des cadres surmontés de leurs attributs, sans glace et sans tableau. Ajoutez, car le grand roi avait aussi ses mignardises, plusieurs petits cadres sculptés et dorés en façon de porte-lumières; une glace à bizeaux à couronnement cintré; un miroir plein de reflets; dans ce miroir, madame de Montespan pouvait contempler sa beauté; une table carrée, une grande console à quatre pieds d'un travail italien: dauphins, instruments de musique; grande table à huit pieds; consoles à reliefs, avec leur marbre et sans marbre.

Il faut dire aussi: une commode à marqueterie d'écaille et de cuivre, en bois de rose, à trois tiroirs ornés de sculptures; un régulateur qui sonnait les heures du grand lever, du petit coucher; une pendule en bois sculpté; un cartel en bronze doré, surmonté du soleil qui brillait à Trianon. Voici même les chenets en bronze d'or, supportés par des griffes; les chenets en forme de cassolettes ou supportant le Rhône et la Saône; et des lanternes à la main, et des candélabres à sept lumières. La sculpture sur bois de 1660 est féconde en inventions d'un goût superbe. Ici, des têtes d'enfants; plus loin, des guirlandes de fleurs : vases, cariatides, *saisons*, les armes de France, l'Abondance et la Paix. Puis, quatre panneaux, décorés sur les deux faces, tout remplis d'allégories vivantes, dignes fragments du Louvre ou des Tuileries, pendant la minorité du roi, sous le ministère de M. le cardinal de Mazarin, un *curieux* du premier ordre. Enfin, rien n'est plus facile à reconnaître que le *Louis XIV*, au milieu des grâces qui l'entourent. Bientôt des grâces nouvelles ont remplacé ces grands artistes, ces habiles inventeurs, ces maîtres sérieux dont le nom est resté aux moindres ouvrages sortis de leurs mains.

S'il vous plaît, arrêtons-nous, par la pensée et par le souvenir, dans le salon, dans le boudoir, dans le petit cabinet d'étude et dans l'antichambre d'un petit hôtel du faubourg Saint-Germain en 1745, et puisque nous voilà chez M. Séchan, rendons à cette élégante maison, que nous reconstruisons sur les projets de quelque Hardoin-Mansart de la Régence, les meubles, les panneaux, les enjolivements dont les révolutions l'ont dépouillée. Apportez dans ce salon de nos grand'mères les canapés en bois doré, couverts de soie en mauvais état, c'est vrai, mais brillante encore; apportez ces fauteuils et ces chaises, faits exprès pour la causerie à voix basse. Hommes et femmes, ils parlaient si bien, avec tant de grâce, et même de liberté, sous le roi Louis XV! Ils arrivaient sous ces lambris, tout parés, tout brillants de jeunesse et de broderies. Ils parlaient en disciples de Voltaire et de Montesquieu! Ces chaises dorées leur servaient de tribune. Eh! n'oubliez pas ces chaises à médaillons de la Savonnerie ou de Beauvais, ces grands sofas semblables à des bosquets pleins d'oiseaux, ces fauteuils à roulettes dorées, ces tabourets à fleurs, ces écrans et cette demi-douzaine de chaises qui semblent venir en droite ligne des salons de mademoiselle de Lespinasse ou de madame Geoffrin.

Nous garderons, s'il vous plaît, pour la chambre à coucher, cet écran à quatre feuilles, cette chaise à fleurs, ce canapé, ce lit complet à baldaquin recouvert d'un damas de soie, et garni de son ancienne passementerie. Au reste, en fait de lits, vous n'avez qu'à choisir. Vous en trouverez au moins huit, tous complets, tous garnis, et sculptés par les génies du temps de Coysevox, de Coypel, de Wanloo et de Watteau : baldaquin, rideaux, lambrequins, courte-pointe, ancienne passementerie or et soie ; un lit à colonnes, — un lit de repos carré, — à dossier garni, des merveilles : « O culte inassouvi de la personne humaine, idôlatrie insolente et sans pitié ! » s'écriait le P. Cheminais, à l'aspect de ce luxe voisin de la fin du monde.

On aura soin de placer contre ces murailles chargées de leurs tentures, ces glaces bizeautées, ces cadres, ces miroirs, ces *appliques*, ces petites consoles ornées de vases et de fleurs, ces panneaux, ces marbres, ces fanfreluches, ces fantaisies. Nous réserverons pour le cabinet de travail le bureau en marqueterie de bois et la bibliothèque en bois de rose, où jadis vous eussiez rencontrés, reliés en maroquin vert, aux armes de madame la marquise ou de madame Dubarry, les petits livres de la fin du règne, une quantité de poëmes et de romans, devenus aussi rares aujourd'hui que les meubles qui les contenaient. Ici les romans héroïques, rarement ouverts; plus loin les annales galantes, les anecdoctes et l'*Histoire secrète des Vestales*. Sur ce rayon : l'histoire des favorites, les mémoires secrets, les annales galantes, les mémoires du temps, les confessions, les aventures et les histoires : HISTOIRE DE ROSALIE ET DU MARQUIS DE CRÉCY; HISTOIRE D'HIPPOLYTE, COMTE DE DOUGLAS. Au fond de ce beau meuble étaient cachés les CONTES MORAUX, les CONTES DE FÉES, les FLEURS, FLEURETTES ET PASSE-TEMPS : les MILLE ET UNE NUITS, les MILLE ET UN JOURS, les MILLE ET UNE HEURES, les MILLE ET UN QUARTS D'HEURE, les MILLE ET UNE FAVEURS, CONTES DE COUR, par le chevalier de Mouy, en 8 volumes in-12. Voilà ce que contenait ce beau meuble en bois de rose, en velours nacarat.

Mais quoi, me voilà, moi aussi, à l'exemple de notre heureux artiste, refaisant tout un siècle, à propos de quelques bâtons dorés recouverts de quelques morceaux de velours! C'est qu'en effet, la surprise est grande, en se disant : Deux sociétés, pour le moins, bien différentes, avaient fait à leur usage ces meubles divers, qui ne leur semblaient jamais assez ornés, assez parés, assez chargés de leurs armoiries, de leurs noms entrelacés, de l'attestation muette de leur passage ici-bas. Les politiques, les philosophes, les fous et les sages, les grandes coquettes, les vieillards, les jeunes gens, les roués de la régence, et les uturs députés aux états généraux, la ville et la cour, le clergé et le parlement, la comédie enfin, les Lekain, les Clairon, les Molé, mademoiselle Contat et la petite Hus, Marivaux, Diderot, Voltaire et madame d'Houdetot ont causé, murmuré, déclamé, rêvé, sur ces bergères. De ces temps évanouis, voilà pourtant le peu qui reste, et qui va disparaître à son tour, chez les riches bourgeois, chez les pauvres aristes, dans les garde-meubles dont ils étaient l'ornement, dans quelques vieux hôtels, leur antique patrie :

Avec ravissement je revois ce séjour !

Il fallait certes une grande aptitude, un grand sentiment des belles choses, un grand bonheur, ajoutez une dépense royale, pour ramasser de toutes parts, ces grâces, ces fantaisies, ces splendeurs sérieuses, ces chiffonneries d'un jour, ces témoignages du goût d'autrefois, auquel nous revenons sans cesse et sans fin, en dépit des abîmes et des révolutions qui nous en séparent. M. Séchan, mieux que personne, avec son habitude et son habileté à reproduire sur la toile, et dans un vaste espace, la physionomie et l'aspect des choses d'autrefois, devait réussir dans cette recherche habile et patiente à la fois. En ceci l'habile décorateur n'obéissait pas simplement au caprice, à la fantaisie, il avait en sa tête un projet qu'il n'a réalisé qu'en partie : il voulait, tout simplement, débarbariser l'Orient. Son projet n'était rien moins que d'introduire à Constantinople et dans le palais du sultan le goût, et bientôt la passion de ces suprêmes élégances. Déjà même il avait habitué feu le sultan Abdul-Medjid, à la parure, à l'ornement, à la forme ingénieuse et savante du salon de la *Reine* à Versailles, du grand Trianon, et des petits appartements de Choisy. C'était la fête et le bon plaisir du sultan, pour se délasser des affaires, de décorer ses kiosques, ses théâtres, ses palais, changeant le bois en pierre, et la pierre en marbre. Ainsi, par une suite de transformations, le sultan, avec l'aide et le concours de ses artistes français, s'était construit un théâtre, une salle de bal, un salon pour les festins, une suite de merveilles que nous admirions naguère, ici même, en cet atelier de la rue Turgot n° 10, avant que ce palais des féeries disparût, un coup de baguette, et fût transporté par les génies des contes arabes sur les bords du Bosphore, étonné et charmé de ces magnificences dignes de la LAMPE MERVEILLEUSE.

Et c'était seulement pour les palais à venir, pour le nouvel Alhambra, que M. Séchan avait réuni dans ce vaste espace, insuffisant à les contenir, ces étoffes brillantes, ces tentures, ces trois règnes du bois sculpté et de l'ornement en tout genre, qui seront livrés dans huit jours, au plus offrant et dernier enchérisseur.

JULES JANIN.

DÉSIGNATION DES OBJETS

Siéges en bois sculpté

1 — Canapé et un fauteuil bois peint en gris, couverts en tapisserie au petit point. Époque Louis XV.

2 — Canapé bois doré, non garni. Époque Louis XV.

3 — Canapé et deux fauteuils bois doré, couverts de soie bleue usée. Époque Louis XIV.

4 — Canapé bois peint en bleu clair, non garni. Époque Louis XV.

5 — Canapé bois peint en blanc, non garni. Époque Louis XVI.

6 — Canapé et deux bergères, bois doré. Étoffe bleue usée. Époque Louis XVI.

7 — Canapé bois peint, couvert d'étoffe bleue usée. Époque Louis XV.

8 — Canapé bois peint en gris et bleu, non garni. Époque Louis XV.

9 — Canapé bois naturel, non garni. Époque Louis XV.

10 — Deux chaises bois noir à grand dossier, cannées. Dix-huitième siècle italien.

11 — Canapé bois peint en vert, non garni. Époque Louis XV.

12 — Canapé bois naturel, non garni. Époque Louis XV.

13 — Une chaise longue bois peint, non garnie. Époque Louis XVI.

14 — Fragment d'une chaise longue, bois doré, non garnie. Époque Louis XVI.

15 — Une chaise longue bois peint, en deux parties, non garnie. Époque Louis XVI.

16 — Une chaise longue, bois doré, non garnie. Époque Louis XV.

17 — Un tabouret bois naturel, non garni. Époque Louis XIV.

18 — Canapé et un fauteuil, bois doré, couvert de soie rouge usée. Époque Louis XVI.

19 — Canapé et un fauteuil bois peint en gris, couvert de perse usée. Époque Louis XVI.

20 — Canapé bois doré, couvert de soie bleue usée. Époque Louis XVI.

21 — Canapé bois doré, non garni. Époque Louis XVI.

22 — Canapé bois peint en gris, couvert de soie bleue et blanche. Époque Louis XVI.

23 — Deux grands fauteuils turcs bois doré, garnis d'étoffe laine et soie. Dix-huitième siècle.

24 — Deux très-grands fauteuils turcs bois doré, garnis d'étoffe laine et soie, provenant d'un palais du sultan Selim. Dix-huitième siècle.

25 — Un canapé et un fauteuil bois doré, couverts en brocatelle rouge usée. Époque Louis XV.

26 — Un canapé, un fauteuil, une chaise en bois neuf, non garnis. Époque Louis XV.

27 — Canapé bois peint en blanc, non garni. Époque Louis XV.

28 — Un tabouret bois naturel, couvert en tapisserie, à entre-jambes. Époque Louis XIV.

29 — Canapé bois acajou, non garni. Époque de l'empire.

30 — Un très-grand canapé et six fauteuils, bois peint en blanc, garnis en tapisserie au petit point. Époque Louis XVI.

31 — Très-grand canapé bois peint en blanc, couvert d'étoffe de soie rouge usée. Époque Louis XVI.

32 — Deux causeuses bois peint en blanc, couvertes de soie erte fanée. Époque Louis XVI.

33 — Un haise longue bois naturel, non garnie. Époque Louis XVI.

34 — Canapé chaise longue, bois doré, couvert d'étoffe de soie. Époque Louis XV.

35 — Causeuse bois doré, couverte en tapisserie usée. Époque Louis XVI.

36 — Deux causeuses bois doré, non garnies, d'une très-fine sculpture. Époque Louis XVI.

37 — Causeuse bois peint, garnie d'une tapisserie de soie usée. Epoque Louis XVI.

38 — Fauteuil bois naturel, non garni, à médaillon. Époque Louis XV.

39 — Fauteuil bois neuf, à entre-jambes, copié sur un ancien, non garni. Époque Louis XIV.

40 — Fauteuil bois neuf, à entre-jambes, copié sur un ancien, garni en toile. Epoque Louis XIV.

41 — Fauteuil bois neuf, à entre-jambes, copié sur un ancien. Époque Louis XIII.

42 — Fauteuil bois neuf, copié sur un ancien. Époque. Louis XV.

43 — Fauteuil bois naturel, à médaillon. Époque Louis XVI.

44 — Fauteuil bois neuf, copié sur un ancien. Époque Louis XVI.

45 — Fauteuil bois doré, non garni, dossier carré; très-fine sculpture. Époque Louis XVI.

46 — Fauteuil peint en gris, à châssis, non garni. Époque Louis XIV.

47 — Deux fauteuils bois peint, garnis en tapisserie usée. Époque Louis XVI.

48 — Trois fauteuils et deux chaises, bois ayant été doré, non garnis. Époque Louis XV.

49 — Fauteuil bois doré, à châssis, non garni. Époque Louis XVI.

50 — Deux fauteuils bois peint, non garnis; fine sculpture. Époque Louis XVI.

51 — Deux fauteuils bois naturel, non garnis. Époque Louis XV.

52 — Fauteuil bois naturel, à colonnes, non garni. Époque Louis XVI.

53 — Fauteuil bois peint en noir, à colonnes, non garni. Époque Louis XVI.

54 — Fauteuil bois peint en gris, à châssis, non garni. Époque Louis XVI.

55 — Fauteuil bois peint en gris, non garni. Époque Louis XV.

56 — Trois fauteuils bois peint en gris, non garni. Époque Louis XV.

57 — Fauteuil bois peint, à colonnes, garni en velours d'Utrecht jaune. Époque Louis XVI.

58 — Fauteuil bois doré, non garni. Époque Louis XV.

59 — Fauteuil bois doré, garni en toile. Époque Louis XV.

60 — Cinq fauteuils bois peint, non garnis. Époque Louis XV.

61 — Cinq fauteuils bois peint, non garnis. Époque Louis XV.

62 — Fauteuil bois peint, couvert de damas de laine. Époque Louis XV.

63 — Six fauteuils, quatre chaises, dont un fauteuil et deux chaises anciennes, et les autres copiées. Époque Louis XVI.

64 — Fauteuil bois peint, non garni, fine sculpture, dossier carré. Époque Louis XVI.

65 — Fauteuil bois peint en gris, non garni. Époque Louis XVI.

66 — Fauteuil bois naturel, non garni. Époque Louis XV.

67 — Chaise bois naturel, non garnie, ayant été cannée. Époque Louis XV.

68 — Fauteuil bois doré dossier bas, garni de velours vert foncé. Époque Louis XIV.

69 — Fauteuil bois peint en blanc, garni de tapisserie. Époque Louis XVI.

70 — Trois fauteuils à entre-jambes, non garnis, dont deux dorés, copiés sur l'ancien. Époque Louis XIV.

71 — Deux fauteuils bois peint en blanc, dossier carré, garnis en soie usée. Époque Louis XVI.

72 — Un fauteuil et une chaise, le fauteuil bois neuf en noyer. Copié sur un ancien, non garni ; la chaise ancienne. dossier canné, à entre-jambes. Époque Louis XIII.

73 — Quatre fauteuils bois naturel ancien ; six chaises bois naturel, mais neuves, le tout non garni. Époque Louis XV.

74 — Bergère bois peint, non garnie. Époque Louis XVI.

75 — Fauteuil bois neuf (copie), à balustre. Époque Louis XVI.

76 — Fauteuil bois peint en blanc, non garni, dossier carré. Époque Louis XVI.

77 — Fauteuil bois naturel restauré, à entre-jambes, non garni. Époque Louis XIV.

78 — Deux fauteuils bois doré, à châssis, grand modèle, marqués : chapelle du duc de Penthièvre. Paris. Époque Louis XVI.

79 — Bergère bois peint et garnie. Époque Louis XVI.

80 — Trois fauteuils bois peint, sanglés, marqués; Garde-Meuble, château de Bellevue. Époque Louis XVI.

81 — Fauteuil canné. Époque Louis XVI.

82 — Deux fauteuils et une chaise, à médaillons, bois peint, couverts en perse. Époque Louis XVI.

83 — Fauteuil bois peint, à médaillon, non garni. Époque Louis XVI.

84 — Quatre fauteuils bois peint, à médaillons, non garnis. Époque Louis XVI.

85 — Fauteuil bois peint et doré, garni de soie rouge, marqué du mobilier de la couronne. Époque Louis XVI.

86 — Fauteuil bois peint, non garni. Époque Louis XVI.

87 — Un fauteuil et une chaise, bois neuf (modèles), non garnis. Époque Louis XIII.

88 — Fauteuil bois doré, à médaillon, garni de toile grise, très-fine sculpture. Époque Louis XVI.

89 — Fauteuil bois doré à oreillons, couvert de tapisserie au petit point, usée. Époque Louis XIV.

90 — Fauteuil bois naturel à entre-jambes, couvert de tapisserie usée. Époque Louis XIV.

91 — Fauteuil bois peint, garni en velours jaune. Époque Louis XVI.

92 — Bergère bois peint, garnie en toile. Époque Louis XVI.

93 — Un fauteuil bois de noyer, à entre-jambes, non garni. Époque Louis XIII.

94 — Fauteuil bois de noyer, neuf, copié sur un ancien, garni en toile. Époque Louis XIV.

95 — Quatre fauteuils bois doré, à médaillons, dossier creux, fine sculpture, trois non garnis, un garni en soie. Époque Louis XIV.

96 — Fauteuil bois neuf (copie). Époque Louis XV.

97 — Fauteuil bois doré, à entre-jambes, garni de brocatelle jaune et rouge. Époque Louis XIV.

98 — Quatre fauteuils, bois naturel, à entre-jambes, non garni. Époque Louis XIV.

99 — Fauteuil bois neuf, dossier recouvert, garni en toile. Époque Louis XIV.

100 — Trois fauteuils bois doré, non garnis. Époque Louis XV.

101 — Fauteuil bois doré, non garni. Époque Louis XV.

102 — Deux fauteuils bois noir et doré, garnis d'étoffe de soie jaune usée. Époque Louis XIV.

103 — Deux fauteuils bois doré, garnis d'étoffe de soie blanche, dessin en velours, usée. Époque Louis XVI.

104 — Fauteuil bois naturel, non garni. Époque Louis XIV.

105 — Deux fauteuils bois doré, et quatre chaises, dossier creux, à médaillons, couverts en tapisserie au petit point en mauvais état; fine sculpture. Époque Louis XVI.

106 — Fauteuil bois peint en noir avec partie dorée; non garni. Époque Louis XV.

107 — Fauteuil bois peint en jaune. Époque Louis XVI.

108 — Un grand fauteuil bois naturel, à entre-jambes; non garni. Époque Régence.

109 — Tabouret bois naturel, à entre-jambes. Époque Louis XIII.

110 — Tabouret bois neuf, copié sur un ancien, à entre-jambes; non garni. Époque Louis XIII.

111 — Fauteuil bois doré, à médaillon, garni. Époque Louis XVI.

112 — Quatre fauteuils bois peint gris et jaune, non garnis; très-fins de forme. Époque Louis XVI.

113 — Tabouret bois neuf, copié sur un ancien, à entre-jambes; non garni. Époque Louis XIII.

114 — Deux fauteuils à médaillons, dossiers plats; quatre autres plus petits à médaillons, dossiers creux, et deux bergères à médaillons, dossiers plats : les huit pièces de la même série, bois doré, non garnies, fines sculpture. (Vente Me Pouchet, adjugé le 21 décembre 1857, au prix de 1,000 fr.) Époque Louis XVI.

115 — Quatre grands fauteuils, quatre plus petits et deux grandes bergères, dossiers creux. Sur ces dix pièces, sept ont été grattées pour enlever la peinture à l'huile qui avait été posée sur la dorure ancienne; trois fauteuils non grattés sont restés couverts de l'étoffe bleue du lit n° 173 qui complétait cette belle chambre à coucher. Très-belle sculpture et très-belle forme. (Vente Me Pouchet, adjugé le 21 décembre 1857, au prix de 700 fr.) Époque Louis XVI.

116 — Fauteuil bois peint, couvert en perse. Époque Louis XV.

117 — Fauteuil bois peint, blanc et or, garni. Époque Louis XVI.

118 — Un fauteuil bois doré à entre-jambes, couvert de soie usée. Époque Louis XIV.

119 — Fauteuil bois naturel, dossier bas, à entre-jambes, non garni. Époque Louis XIV.

120 — Fauteuil bois naturel, dossier bas, à entre-jambes. Époque Louis XIV.

121 — Bergère bois doré couverte en perse. Époque Louis XV.

122 — Bergère bois peint, couverte en soie bleue usée. Époque Louis XVI.

123 — Quatre fauteuils bois peint, couverts en soie rouge usée. Époque Louis XVI.

124 — Trois fauteuils bois peint, couverts en soie verte usée. Époque Louis XVI.

125 — Deux fauteuils bois peint, couverts en soie bleue. Époque Louis XVI.

126 — Quatre fauteuils bois peint, couverts en soie étoffe chinoise usée. Époque Louis XVI.

127 — Deux fauteuils bois peint, couverts d'étoffe perse. Époque Louis XVI.

128 — Fauteuil bois peint, couvert en étoffe perse. Époque Louis XVI.

129 — Bergère bois peint, couverte d'étoffe de soie brodée. Époque Louis XVI.

130 — Sept fauteuils bois peint, couverts en tapisserie au petit point. Époque Louis XVI.

131 — Fauteuil bois neuf. (Modèle.) Époque Louis XIV.

132 — Fauteuil bois naturel, à colonnes, non garni. Époque Louis XVI.

133 — Fauteuil bois neuf, non garni. (Modèle.) Époque Louis XIV.

134 — Chaise bois neuf à lyre, copiée sur une ancienne; non garnie. (Modèle.) Époque Louis XVI.

135 — Chaise bois neuf, copiée sur une ancienne, garnie en toile; dossier recouvert. Époque Louis XIV.

136 — Chaise bois neuf, copiée sur une ancienne, non garnie. Époque Louis XIV.

137 — Chaise bois naturel, non garnie. Époque Louis XV.

138 — Chaise bois doré, garnie en toile bleue et blanche; très-fine sculpture. Époque Louis XVI.

139 — Chaise bois naturel, à médaillon, non garnie. Epoque Louis XV.

140 — Chaise bois peint, à médaillon, non garnie. Époque Louis XVI.

141 — Chaise bois naturel, non garnie. Époque Louis XV.

142 — Chaise bois naturel, non garnie. Époque Louis XV.

143 — Chaise bois doré à médaillon, couverte de tapisserie usée. Époque Louis XVI.

144 — Deux chaises bois naturel, à entre-jambes, couvertes de toile. Époque Louis XIV.

145 — Chaise bois neuf, à entre-jambes, copiée sur une ancienne, garnie. Époque Louis XIV.

146 — Chaise bois neuf de noyer, copiée sur une ancienne, garnie. Époque Louis XIV.

147 — Chaise bois neuf, copiée sur une ancienne, non garnie. Époque Louis XV.

148 — Quatre chaises bois peint, deux garnies et deux non garnies. Époque Louis XV.

149 — Chaise bois naturel, dossier carré, non garnie. Époque Louis XVI.

150 — Deux chaises bois peint, dossier carré, couvertes en damas de laine. Époque Louis XVI.

151 — Deux chaises bois naturel, à entre-jambes, cannées. Époque Louis XIII.

152 — Chaise bois naturel, cannée, copiée sur une ancienne. Époque Louis XV.

153 — Chaise bois neuf en noyer, à entre-jambes. non garnie. Époque Louis XIV.

154 — Chaise bois neuf en noyer, à dossier recouvert. Époque Louis XIV.

155 — Chaise bois peint, cannée. Époque Louis XIV.

156 — Chaise bois naturel, cannée. Époque Louis XV.

157 — Chaise bois peint, cannée. Époque Louis XV.

158 — Chaise bois peint, cannée, à entre-jambes. Époque Louis XV.

159 — Chaise bois peint, cannée. Époque Louis XV.

160 — Une chaise bois peint et doré, à entre-jambes, cannée. Époque Louis XIV.

161 — Chaise bois peint, couverte en velours déchiré. Époque Louis XV.

162 — Trois chaises bois peint, non garnies. Époque Louis XVI.

163 — Chaise bois naturel, à entre-jambes, couverte en soie usée. Époque Louis XIII.

Séries de Siéges, bois neuf, copiés sur d'anciens Modèles, quelques-uns dorés.

Série A, se composant de

164 — Deux canapés non garnis et non dorés, à oiseaux. Époque Louis XV.

Quatre fauteuils à fleurs, avec leurs roulettes dorées. Époque Louis XV.

Quatre chaises non garnies et non dorées, à fleurs, avec leurs roulettes dorées. Époque Louis XV.

Quatre tabourets non garnis et non dorés, à fleurs, avec roulettes dorées. Époque Louis XV.

Série B, se composant de

165 — Deux canapés, dont un doré, non garnis. Époque Louis XV.

Six fauteuils non dorés et non garnis, avec leurs roulettes dorées. Époque Louis XV.

Six chaises non dorées et non garnies, avec leurs roulettes dorées. Époque Louis XV.

Quatre tabourets dorés, non garnis, avec leurs roulettes dorées. Époque Louis XV.

Série C, se composant de

166 — Deux canapés dorés, non garnis. Époque Louis XV.

Six fauteuils dorés, non garnis, avec leurs roulettes dorées. Époque Louis XV.

Six chaises dorées, non garnies, avec leurs roulettes dorées. Époque Louis XV.

Quatre tabourets dorés, non garnis, avec leurs roulettes dorées. Époque Louis XV.

Série D, se composant de

167 — Deux canapés, dont un doré, et non garnis. Époque Louis XV.

Six fauteuils non dorés et non garnis, avec leurs roulettes dorées. Époque Louis XV.

Quatre tabourets dorés, non garnis, avec leurs roulettes dorées. Époque Louis XV.

Série E, dossiers ovales plats, très-fine sculpture, se composant de

168 — Deux grands canapés non dorés et non garnis. Époque Louis XVI.

Deux petits canapés, non dorés et non garnis. Époque Louis XVI.

Deux bergères non dorées, non garnies, avec leurs roulettes dorées. Époque Louis XVI.

Quatre fauteuils non dorés, non garnis, avec leurs roulettes dorées. Époque Louis XVI.

Quatre chaises non dorées et non garnies, avec leurs roulettes dorées. Époque Louis XVI.

Quatre tabourets non dorés, non garnis, avec leurs roulettes dorées. Époque Louis XVI.

Série F (Modèles), se composant de

169 — Canapé non doré, non garni. Époque Louis XV.

Fauteuil non doré, non garni. Époque Louis XV.

Série G (Modèles), se composant de

170 — Canapé à oiseaux, non doré et non garni. Époque Louis XV.

Fauteuil à fleurs, non doré, non garni, avec ses roulettes dorées. Époque Louis XV.

Chaise à fleurs, non dorée et non garnie, avec ses roulettes dorées. Époque Louis XV.

Tabouret à fleurs, non doré, non garni, avec ses roulettes dorées. Époque Louis XV.

Écran non doré, non garni. Époque Louis XV.

Lits

171 — Très-beau lit complet, bois peint en blanc; les dossiers et les bonnes-grâces en toile imprimée, d'ancien Jouy, avec ses anciennes passementeries; le fond du lit supporte le baldaquin, de façon que le tout tient d'une seule pièce. Très-fine sculpture. Époque Louis XVI.

172 — Très-beau lit complet, bois peint en gris, fond et dossiers garnis, avec baldaquin, couvert d'un damas de soie verte usée, garni de ses anciennes passementeries. Très-fine sculpture, avec colombes se becquetant. Époque Louis XVI.

173 — Très-beau lit bois doré, avec baldaquin; fond et dossiers garnis, couvert d'une étoffe de soie bleu

clair. Rideaux, lambrequins et courte-pointe pareils. Très-fine sculpture, avec ses anciennes passementeries soie et or; une série de siéges, n° 115, complétaient cette chambre à coucher. (Provenant de la vente, par M° Pouchet, 21 décembre 1857. Adjugé à 2,800 fr.) Époque Louis XVI.

174 — Grand et beau lit carré, à dossier garni, avec baldaquin, restauré, gratté et ferré, tout prêt à être peint ou doré. Fine sculpture. Époque Louis XVI.

175 — Beau lit à colonnes bois peint, dossiers garnis, sans baldaquin, fine sculpture. Époque Louis XVI.

176 — Lit bois peint, dossiers bois plein, sans baldaquin, devant cintré. Époque Louis XVI.

177 — Petit lit de repos, bois naturel, à dossiers garnis, couvert d'étoffe de soie. Époque Louis XVI.

Écrans en bois sculpté

178 — Écran bois neuf, non doré, à quatre feuilles, copié sur un ancien modèle. Époque Louis XV.

179 — Écran bois neuf, non doré, copié sur un ancien. Époque Louis XV.

180 — Écran bois gratté, le châssis couvert en soie usée. Époque Louis XIV.

181 — Écran bois naturel, sans châssis. Époque Louis XV.

182 — Écran bois naturel, sans châssis. Époque Louis XV.

183 — Écran bois naturel, sans châssis. Époque Louis XVI.

184 — Écran bois noir, le châssis couvert en tapisserie. Époque Louis XV.

Glaces, Cadres et Porte-Lumières en bois sculpté

185 — Parquet de glace provenant d'un dessus de cheminée avec panneaux, et la place d'une glace au milieu, riche sculpture avec bas-reliefs d'instruments et de paysage, deux porte-lumières sur les côtés. Haut. 1 m. 70; larg. 1 m. 55. Époque Louis XV.

186 — Cadre ovale, sans glace, surmonté d'une palmette. Haut. 75 cent.; larg. 55 cent. Époque Louis XIV.

187 — Deux cadres ronds, sans glace, surmontés d'une palmette, bois peint en jaune. Haut. 95 cent.; larg. 75 cent. Époque Louis XIV.

188 — Lot de fragments de plusieurs cadres de diverses époques et un dossier de lit, bois doré, et bois peint.

189 — Parquet de glace provenant du dessus d'une cheminée, avec des divisions de panneaux droits et ovales en bois sculpté, au milieu la place d'une glace. Haut. 1 m. 76; larg. 1 m. 51. Très-fine sculpture qui a été grattée et restaurée. Époque Louis XVI.

190 — Trois cadres carrés pour gravures, bois doré et sculpté; deux en largeur et un en hauteur, avec un ornement au milieu; celui en hauteur, de 70 cent., largeur 48 cent.; ceux en largeur, hauteur 60 cent., longueur 90 cent. Époque Louis XIV.

191 — Cadre de miroir, sans glace, bois sculpté et doré. Haut. 45 cent.; larg. 30 cent. Époque Louis XV.

192 — Pièce de milieu de surtout, pouvant faire un cadre de glace de forme octogone allongée, en bronze doré, et glaces peintes, Haut. 1 m. 75; larg. 1 m. 40, avec un couronnement projeté dont les modèles en plâtre sont exécutés. Époque Louis XIV.

193 — Cadre de glace, sans glace, bois sculpté et doré, avec bandes sur les côtés et couronnement circulaire. Haut. 1 m. 64; larg. 1 m. 05. Époque Louis XV.

194 — Superbe cadre, style le Pautre, bois sculpté et doré, avec figures; glace bizeautée. Haut. 1 m. 60; larg.

1 m. 30. Provenant de la collection de M. Domard, graveur de la Monnaie. Vente du 5 mai 1858; adjugé à 2,150 fr. Époque Louis XIV.

195 — Cadre de glace, sans glace, bois sculpté et doré, disposé pour occuper un trumeau. Haut. 1 m. 90; larg. 83 cent. Époque Louis XIV.

196 — Cadre carré, bois sculpté et doré, haut. 1 m. 60; larg. 1 m. 26, avec une glace qui n'est pas de mesure, mais qui peut s'ajuster. Époque Louis XIV.

197 — Beau cadre avec glace, bois sculpté et doré, bandes de glaces et couronnement circulaire. Haut. 1 m. 65; larg. 1 m. 02. Époque Louis XV.

198 — Cadre de glace avec bande s et écoinçons, bois sculpté et doré; la glace du milieu manque; avec le modèle en plâtre du couronnement projeté. Très-fine sculpture. Haut. 1 m. 34; larg. 1 m. 10. Époque Louis XIV

199 — Grand et beau cadre en bois sculpté et doré, la dorure en bon état. Haut. 2 m. 50; larg. 1 m. 90. Époque Louis XIV.

200 — Petit cadre de miroir, sculpté et doré, sans miroir. Époque Louis XIV.

201 — Grand et magnifique cadre en bronze doré, avec couronnement, glace et bandes de glace bizeautées et

gravées, en parfait état. Haut. 2 m. 35; larg. 1 m. 24. Époque Louis XIV.

202 Deux cadres porte-lumières, forme ovale avec fond de glace, en bois sculpté et doré, figures en relief; ont besoin d'être réparés. Haut. 85 cent.; larg. 75 cent. Époque Louis XIV.

203 — Quatre petits cadres porte-lumières, bois sculpté et doré, avec bras, sans les miroirs. Travail italien. Haut. 70 cent.; larg. 45 cent. Époque Louis XV.

204 — Très-petit porte-lumière bois sculpté, sans miroir et sans le bras de lumière. Haut. 28 cent.; larg. 16 cent. Époque Louis XIV.

205 — Deux cadres porte-lumières d'angle, bois sculpté et doré, avec les miroirs et les bras. Travail italien. Haut. 1 m. 20; larg. 70 cent. environ. Époque Louis XV.

206 — Cadre porte-lumières d'angle, bois sculpté et doré, avec bras. Haut. 90 cent.; larg. 40 cent. Travail italien. Époque Louis XVI.

207 — Cadre porte-lumières d'angle, bois sculpté et doré, avec bras. Haut. 75 cent.; larg. 50 cent. Travail italien. Époque Louis XVI.

208 — Grande et belle glace bizeautée, en bois sculpté et doré, couronnement circulaire, avec bandes de glaces,

en très-bon état, figures et chimères dans l'ornementation. Travail italien. Haut. 2 m. 30; larg. 1 m. 40. Époque Louis XV.

209 — Belle glace carrée et bizeautée, bois sculpté et doré, couronnement cintré, avec bandes de glaces aussi bizeautées, en bon état. Très-fine sculpture. Hauteur, 1 mètre 70 c.; larg., 92 cent. Époque Louis XIV.

210 — Miroir doré, avec sa glace. Très-fine sculpture. Haut., 40 cent.; larg., 30 cent. Époque Louis XIV.

Consoles et Tables en bois sculpté

211 — Table carrée, bois sculpté et doré, à quatre pieds à entre-jambes; la quatrième face ajoutée. (Sans marbre.) Époque Louis XIV.

212 — Petite console à deux pieds, bois peint en gris. (Sans marbre.) Époque Louis XV.

213 — Grande console et son dessus de marbre royal, bois peint, à quatre pieds et entre-jambes, avec vase et guirlandes de fleurs. Époque Louis XVI.

214 — Console bois peint, à quatre pieds, avec guirlandes de lauriers. (Sans marbre.) Époque Louis XVI.

215 — Grande console bois peint en gris, à quatre pieds et entre-jambes. (Sans marbre.) Époque Louis XIV.

216 — Console bois peint et doré, à quatre pieds avec entre-jambes. (Sans marbre.) Époque Louis XVI.

217 — Grande console bois peint en gris, à quatre pieds avec entre-jambes. (Sans marbre.) Époque Louis XVI.

217 *bis* Une table bois peint, ayant été dorée, à quatre pieds; la quatrième face ajoutée. Dessus en bois. Époque Louis XIV.

218 — Petite console bois doré, à quatre pieds et entre-jambes. (Sans marbre.) Époque Louis XIV.

219 — Console bois doré, à quatre pieds et entre-jambes; au milieu un vase. (Sans marbre.) Époque Louis XVI.

220 — Petite console bois doré, à deux pieds. Dessus de marbre Sainte-Anne. Époque Louis XV.

221 — Petite console bois doré, à un pied. Dessus de marbre Sainte-Anne. Époque Louis XVI.

222 — Très-grande console bois peint; le bas des quatre pieds et l'entre-jambes ont été refaits. Dessus de marbre de Rance (rattaché). Époque Louis XV.

223 — Console bois doré, à deux pieds; très-fine sculpture. (Sans marbre.) Époque Louis XV.

224 — Grande console bois doré, à quatre pieds, avec son dessus de marbre vert antique; travail italien. Époque Louis XIV.

225 — Deux consoles bois doré, à quatre pieds et entre-jambes; travail italien. (Dessus de marbre agate orientale.) Époque Louis XV.

226 — Console bois doré, à quatre pieds à dauphins, avec entre-jambes. (Dessus de marbre royal.) Époque Louis XIV.

227 — Console bois doré, à quatre pieds avec entre-jambes; un trophée d'instruments dans la devanture. (Dessus de marbre vert Campan mélangé.) Époque Louis XIV.

228 — Console bois doré, à quatre pieds, agrandie et restaurée. (Sans marbre.) Époque Louis XIV.

229 — Grande et très-belle table bois gratté, à huit pieds et entre-jambes; la quatrième face a été ajoutée. Dessus en bois. Époque Louis XIV.

230 — Table bois naturel, à quatre pieds et entre-jambes; la quatrième face a été ajoutée. (Sans marbre.) Époque Louis XIV.

231 — Console bois peint et doré, à deux pieds, s'unissant dans le bas par une entre-jambes. Dessus en marbre royal. Époque Louis XV.

232 — Console bois doré, à deux pieds. (Sans marbre.) Époque Louis XV.

233 — Console bois doré, à deux pieds. Avec dessus de marbre de Rence. Époque Louis XV.

234 — Console bois doré à quatre pieds et entre-jambes. (Sans marbre.) Époque Louis XV.

235 — Console bois doré, à deux pieds et entre-jambes. (Sans marbre.) Époque Louis XV.

236 — Console bois doré, à quatre pieds et entre-jambes. (Sans marbre.) Époque Louis XIV.

237 — Console bois doré, à deux pieds et entre-jambes. (Sans marbre.) Époque Louis XV.

238 — Console bois doré, à deux pieds. Dessus de marbre Sainte-Anne. Époque Louis XV.

239 — Petite console, à quatre pieds et entre-jambes. Dessus de marbre blanc clair. Époque Louis XIV.

240 — Console bois peint en vert, à deux pieds et entre-jambes. (Sans marbre.) Époque Louis XV.

241 — Console bois doré, à quatre pieds et entre-jambes. (Sans marbre.) Époque Louis XIV.

242 — Console bois doré, à quatre pieds et entre-jambes. (Sans marbre.) Époque Louis XIV.

243 — Console bois doré, à trois pieds reliés dans le bas. Avec dessus de marbre (portor). Époque Louis XIV.

244 — Petite console bois doré, à deux pieds. (Sans marbre.) Époque Louis XVI.

245 — Console bois peint en gris, à quatre pieds. Dessus de marbre royal. Époque Louis XV.

246. — Console bois peint en jaune, à deux pieds. Dessus de marbre blanc veiné. Époque Louis XV.

247 — Grande console bois doré, à quatre pieds. (Sans marbre.) Époque Louis XIV.

248 — Console bois doré, à deux pieds, avec figures. (Sans marbre.) Époque Louis XV.

249 — Console bois gratté, à quatre pieds et entre-jambes. (Sans marbre.) Époque Louis XVI.

250 — Console bois neuf, copiée sur une ancienne, à quatre pieds. (Sans marbre.) Époque Louis XV.

251 — Console bois doré à quatre pieds et entre-jambes. (Sans marbre.) Epoque Louis XIV.

252 — Petite console bois doré à neuf, à deux pieds. Dessus de marbre Rence. Époque Louis XVI.

253 — Petite console bois doré à neuf, à deux pieds. Dessus de marbre Rence. Époque Louis XVI.

254 — Petite console bois gratté, même modèle. Dessus de marbre Rence. Époque Louis XVI.

255 — Petite console bois gratté, même modèle. Dessus de marbre Rence. Époque Louis XVI.

256 — Console bois peint en blanc, à quatre pieds et entre-jambes, supportant un vase entouré de guirlandes de fleurs. Dessus de marbre blanc clair. Époque Louis XVI.

257 — Autre console pareille. Dessus de marbre blanc clair. Époque Louis XVI.

258 — Console bois peint, à deux pieds. Dessus de marbre de Rence. Époque Louis XV.

259 — Console bois gratté, à quatre pieds, avec entre-jambes. (Sans marbre.) Époque Louis XVI.

260 — Console bois gratté, à quatre pieds, avec entre-jambes. (Sans marbre.) Époque Louis XIV.

261 — Console bois doré à quatre pieds, à entre-jambes. (Sans marbre.) Époque Louis XIV.

262 — Console bois gratté, à quatre pieds et entre-jambes. (Sans marbre.) Époque Louis XIV.

263 — Console bois gratté, à quatre pieds, et entre-jambes. (Sans marbre.) Époque Louis XIV.

264 — Console bois gratté, à quatre pieds et entre-jambes. (Sans marbre.) Époque Louis XIV.

265 — Console bois peint en gris et jaune, à deux pieds. (Sans marbre.) Époque Louis XV.

266 — Console bois peint en gris, à deux pieds. (Sans marbre.) Époque Louis XV.

267 — Petite console bois peint, ayant été dorée, à deux pieds, avec dessus de marbre Griotte. Époque Louis XIV.

268 — Console bois doré, à quatre pieds. (Sans marbre.) Époque Louis XV.

269 — Console bois doré, à deux pieds. (Sans marbre. Époque Louis XIV.

270 — Petite console bois peint, à deux pieds. Dessus de marbre brèche d'Alep. Époque Louis XV.

271 — Console bois doré, à quatre pieds, et entre-jambes. Dessus de marbre Brocatelle. Époque Louis XV.

272 — Console bois doré, en bon état, à quatre pieds. (Sans marbre.) Époque Louis XIV.

273 — Table guéridon, en bois de noyer et de hêtre teint. Travail moderne, dessus à bascule. Trois pieds.

274 — Deux petites consoles, bois peint et doré. Dessus de bois. Travail italien. Époque Louis XV.

Commodes, Bureau, Bibliothèque, Bahut

275 — Petite commode, marqueterie d'écaille et de cuivre, à trois tiroirs, ornée de cuivres dorés. Dessus de marbre Griotte d'Italie. Époque Louis XIV.

276 — Grande commode, marqueterie de bois et d'ivoire, sur fond d'ébène, ornée de cuivres dorés, à têtes et griffes de lion, dessus en marqueterie; l'intérieur des tiroirs garni en reps de soie. Époque Louis XIII.

277 — Petite bibliothèque en bois de rose, ornée de bronzes dorés, garnie de trois tablettes; l'intérieur tendu de velours rouge. Travail moderne. (Vente par Me Pouchet, 23 mars 1858. Adjugée à 1,400 fr.)

278 — Commode en bois de chêne sculpté, poignées et entrées en bronzes dorés, trois tiroirs. Dessus de bois et dessus de marbre Rence. Restaurée. Époque Louis XVI.

279 — Bureau dos d'âne, marqueterie de bois, trois tiroirs, cuivres dorés, en bon état. Époque Louis XIV.

280 — Grande commode bois de rose, devant et côtés cintrés, ornée de cuivres dorés, finement ciselés. Dessus de marbre brèche d'Alep. Époque Louis XV.

281 — Commode bois de rose, devant et côtés cintrés; trois tiroirs, ornée de cuivres. Dessus de marbre royal. Époque Louis XIV.

282 — Deux encoignures en imitation de laque chinois. Dessus de marbre blanc clair. Époque Louis XVI.

283 — Fragment de meuble, chêne sculpté, à colonnes isolées, avec portes et tiroirs, incrusté de marbre. Époque Louis XIII.

284 — Bahut bois sculpté. Époque Renaissance.

285 — Grand secrétaire à cylindre, en acajou. Dessus de marbre Sainte-Anne, avec galerie en cuivre, découpée. Époque Louis XVI.

Paravent

286 — Grand et beau paravent à douze feuilles, en laque ancien de Corromandel, avec panneaux de soierie. Haut., 2 m. 70 ; développement des douze feuilles 6 m. 12.

Pendules, Régulateurs et Cartels

287 — Gaîne de régulateur, avec ses bronzes fondus sur les anciens, mais non ciselés, sans mouvement. Époque Louis XIV.

288 — Régulateur, gaîne en bois de rose, orné de bronzes dorés. Époque Louis XV.

289 — Pendule bois sculpté et doré, avec socle de support, sans mouvement. Époque Louis XIV.

290 — Grand cartel en bronze non doré, sur console, surmonté d'une sphère, au chiffre du sultan Abdul-Medjid. Modèle. Style Louis XIV.

291 — Pendule de cheminée en bronze non doré, sans figure, un vase au centre; avec attributs. (Modèle.) Style Louis XVI.

292 — Cartel bronze doré, surmonté d'une figure du Soleil avec ses rayons, entourée de lauriers; au bas, un enfant montrant un sablier; à droite, deux coqs chantant. Belle exécution. Époque Louis XIV.

293 — Petit cartel sur console, fond vert en corne, bronze doré. Il est surmonté d'une petite figure ailée tenant une faux. Époque Louis XIV.

294 — Pendule dans une gaîne en bois peint et doré. Époque Louis XIV.

295 — Cartel sur console, bronze non doré, sans mouvement. (Modèle.) Style Louis XIV.

Chenets

296 — Paire de chenets en bronze doré, forme carrée; supportés par des griffes. (Sans ferrures.) Époque Louis XIV.

297 — Paire de chenets en bronze doré; forme de cassolette sur trépieds. (Sans ferrures.) Époque Louis XIV.

298 — Paire de chenets; supports d'ornements avec enfants et avec ferrures. Époque Louis XV.

299 — Paire de chenets en bronze doré; piédestaux supportant deux figures de fleuves. (Sans ferrures.) Époque Louis XIV.

Lanternes

300 — Lanterne d'escalier, à cinq pans, bronze doré. Époque Louis XV.

301 — Lanterne d'escalier ronde, à six divisions, et contrepoids avec chaînes. Époque Louis XVI.

302 — Lanterne d'escalier ronde, à quatre divisions. Époque Louis XVI.

303 — Deux lanternes à main et à deux bougies chaque. Verres bombés. Époque Louis XIV.

Candélabres, Appliques, Porte-Lumières Bras et Torchères

304 — Candélabre en bronze non doré, à neuf lumières. (Modèle.) Style Renaissance.

305 — Candélabre en bronze non doré, à six lumières. (Modèle.) Style Renaissance.

306 — Candélabre en bronze non doré, à six lumières. (Modèle.) Style grec.

307 — Candélabre en bronze non doré, à sept lumières. (Modèle.) Style Louis XIV.

308 — Candélabre en bronze non doré, à sept lumières. (Modèle.) Style Renaissance.

309 — Candélabre en bronze non doré, à cinq ou sept lumières. (Modèle.) Style Louis XV.

310 — Grande applique bronze non doré, disposée pour recevoir un miroir au milieu; avec branches. (Modèle.) Style Louis XIV.

311 — Grande applique bronze non doré, disposée pour recevoir un miroir au milieu; avec branches. (Modèle.) Style Louis XV.

312 — Grande applique bronze non doré, disposée pour recevoir un miroir au milieu; avec branches. (Modèle.) Style Louis XV.

313 — Deux petits bras portant une lumière, bronze doré, une tête au milieu. Époque Louis XIV.

314 — Deux petits bras portant chacun une lumière, bronze doré; une tête et deux enfants. Époque Louis XIV.

315 — Petit bras à une lumière, bronze doré, avec une figure tenant une corne d'abondance. Époque Louis XIV.

316 — Petit bras à une lumière, bronze doré. Époque Louis XIV.

317 — Petit bras à une lumière, bronze doré, avec une tête au milieu. Époque Louis XIV.

318 — Paire de bras à deux lumières, bronze doré. Remis à neuf. Époque Louis XV.

319 — Paire de bras à deux lumières, bronze doré. Époque Louis XVI.

320 — Paire de bras à deux lumières, bronze doré, surmontés d'un vase. Époque Louis XVI.

321 — Torchère bois gratté. Époque Louis XIV.

322 — Torchère bois gratté. Époque Louis XIV.

322 *bis* Quatre chandeliers bois doré, pieds à griffes, chapiteaux ioniques. Époque Louis XIV.

Fragments de Sculptures sur bois

323 — Couronnement de glace bois gratté, avec tête au milieu. Époque Louis XIV.

324 — Couronnement de glace bois doré, un vase au milieu; guirlandes de fleurs. Époque Louis XIV.

325 — Couronnement de glace bois doré, avec bouquet au milieu. Époque Louis XIV.

326 — Couronnement de glace bois doré, instrument de musique au milieu. Époque Louis XIV.

327 — Couronnement de glace bois doré, bouquet au centre. Époque Louis XIV.

328 — Couronnement de glace bois doré, déesse dans un char. Époque Louis XIV.

329 — Couronnement de glace bois doré, avec trois enfants. Travail italien. Époque Louis XIV.

330 — Couronnement de glace bois doré; au centre, une figure qui danse. Travail italien. Époque Louis XIV.

331 — Couronnement de glace bois doré, avec un vase et des fleurs au centre. Époque Louis XIV.

332 — Trois cariatides : les Saisons; bois doré, très-fine sculpture. Époque Louis XVI.

333 — Harpe bois sculpté, dorée et laquée ; très-fine sculpture. Époque Louis XVI.

334 — Tabernacle bois sculpté, avec figurines dans des niches. Époque Renaissance.

335 — Panneau marqueté sur les deux faces.

336 — Deux fragments d'une grande rosace bois doré; très-fine sculpture. Époque Louis XVI.

337 — Deux panneaux de volet bois sculpté, doré et peint; très-fine sculpture. Époque Louis XV.

338 — Deux encoignures, vitrées, à balustres; bois doré et sculpté, fine sculpture. Époque Louis XVI.

339 — Petit panneau sculpté; au centre, un écu portant trois ciboires. Époque Renaissance.

340 — Panneau bois sculpté, ornementé, et aux armes de France. Époque Louis XIV.

341 — Petit panneau bois sculpté, avec corne d'abondance. Époque Louis XIV.

342 — Petit panneau en hauteur, bois sculpté, médaillon avec la tête de Janus. Époque Louis XIV.

343 — Une frise en deux morceaux, bois sculpté et doré. Époque Louis XIV.

344 — Deux fragments de panneaux semblables réunis, ornementés, et aux armes de France. Époque Louis XIV.

345 — Un panneau; le haut et le bas, bois peint. Époque Louis XVI.

346 — Un lot de divers fragments, et particulièrement de guirlandes de fleurs, bois sculpté et doré, les fleurs très-finement sculptées. Époque Louis XVI.

347 — Quatre panneaux décorés sur les deux faces : deux sculptés d'un côté et peints de l'autre, les deux autres peints des deux côtés; les ornements aux armes de France et aux allégories de Louis XIV, provenant évidemment du Louvre ou des Tuileries. Style de la galerie d'Apollon. Époque Louis XIV.

Bronzes et Modèles en bronze et en plâtre

348 — Une garniture de commode en bronze, en quatorze pièces. Époque Louis XIV.

349 — Seize pièces en bronze de deux lanternes à main. (Modèles.)

350 — Quatorze pièces en bronze d'une garniture de console. (Modèle.) Style Louis XVI.

351 — Une garniture de console en bronze doré. en sept pièces. Époque Louis XV.

352 — Dix-huit pièces de bronze pour garniture d'une table. (Modèle.) Style Louis XIV.

353 — Vingt-six pièces en bronze, d'une garniture de piano à queue. (Modèle.) Style Louis XV.

354 — Un lot de garnitures de différentes commodes et de différentes époques.

355 — Huit pièces de bronze d'un meuble de cabinet. (Modèle.) Style Louis XVI.

356 — Dix pièces de bronze d'une grande armoire. (Modèle.) Style Louis XV.

357 — Cinq pièces de bronze d'un meuble, bonheur du jour. (Modèle.) Style Louis XV.

358 — Sept pièces de bronze et un plâtre, d'un pied de vase. (Modèle.) Style chinois.

359 — Deux pieds bronze doré, ayant reçu des porcelaines. Époque Louis XV.

360 — Lot de bronzes.

361 — Lot de six grandes patères, dont quatre modèles. Styles divers.

362 — Vingt pièces de bronze obtenues par la galvanoplastie, formant la garniture d'un grand cadre en bois noir, (Modèle.) Style Louis XIII.

Tapisseries

363 — Deux tapisseries arabesques, avec figures. Style Berain. L'une de hauteur 2 mètres 85 cent.; larg. 1 mètre 96 cent. L'autre de hauteur 2 mètres 85 cent.; largeur 2 mètres 20 cent. Style Louis XIV.
Vente V. Hugo, le 10 juin 1852, par Me Ridel, adjugé au prix de 204 fr. 75 c. Style Louis XIV.

364 — Tapisserie, sujet à figures. Haut. 3 m. 30; larg. 4 mètres. Époque Renaissance.

365. — Un lot : 1° La garniture d'un canapé, point de Beauvais; sujet : *le Coq et la Perle,* en sept morceaux posés sur toile et châssis. Époque Louis XVI.

2° Et une garniture de tapisserie; sujet de chasse d'*Oudry*; point de Beauvais. Deux tapisseries seulement sont entières. L'une de, hauteur 3 mètres; largeur 4 mètres 10 cent. L'autre, hauteur 3 mètres, largeur 1 mètre 85 cent. Époque Louis XV.

Les autres sont des fragments de tapisseries raccordés en peinture pour les parties où la tapisserie manque.

Étoffes et Passementeries

366 — 49 mètres 55 centimètres lampas fond jaune, dessins, ornements et fleurs, en trois coupons.

367 — 38 mètres 20 centimètres lampas bleu et blanc à oiseaux, copié sur une ancienne étoffe. Style Louis XVI, avec 50 mètres environ de crête et quatorze macarons appareillés.

368 — 22 mètres 80 cent. lampas fond brun très-couvert d'un dessin jaune, blanc et vert, en deux rideaux de trois lés chaque, et un coupon, avec sept embrasses faites sur cette étoffe.

369 — 12 mètres 60 cent. lampas fond rouge; dessin vert

et blanc en un coupon et plusieurs morceaux, avec la passementerie appareillée à l'étoffe.

Dix embrasses, 500 mètres environ de franges, et 69 mètres environ de galons, et vingt-deux grands anneaux en cuivre doré.

370 — 116 mètres 90 cent. lampas fond vert foncé, dessins à branchages, feuilles, fleurs et fruits, en deux pièces et deux coupons, avec huit embrasses appareillées à l'étoffe.

371 — 21 mètres 20 cent. damas soie ponceau.

372 — 23 mètres 20 cent. damas de soie cramoisi.

373 — 11 mètres brocart or fin, sur fond bleu de France, en dix lés cousus ensemble, de chaque 1 mètre 10 centimètres.

374 — 2 mètres 20 cent. brocart or fin, sur fond cerise, dessin or et bleu, avec une embrasse.

375 — 11 mètres brocart or fin de 98 cent. de largeur, fond blanc; fleurs et ornements; avec une partie de lambrequin et une partie du montant complétant cette tenture.

376 — 24 mètres 50 cent. brocart or fin, sur fond cerise, en trois coupons, diverses fausses coupes et morceaux, et deux glands.

377 — 14 mètres 70 cent. étoffe pékin, à raies rouges sur fond maïs.

378 — 51 mètres 80 cent. mexicaine blanche, rayée, en une pièce et un coupon.

379 — 8 mètres lampas fond cerise, dessin blanc.

380 — 8 mètres lampas fond bleu clair, dessin bleu.

381 — 6 mètres brocatelle fond bleu, dessin blanc.

382 — 13 mètres 10 cent. satin rose antique, en deux coupons.

383 — 11 mètres 70 cent. lampas mode, deux cerises en un coupon, plus sept rideaux de chaque, de hauteur 4 mètres 70 cent., largeur 1 mètre 60 cent., dont six doublés de soie piqués et ouattés; le septième est en pièce et avarié.

Et la passementerie assortie : quatre embrasses plates, trois embrasses avec glands et trois glands plombés, 40 mètres de galon à jour.

384 — 14 mètres 35 cent. lampas bleu céleste et blanc.

385 — 45 mètres 90 cent. lampas blanc liséré nuancé.

386 — 27 mètres 20 cent. lampas fond mode, dessin chinois, en un coupon et un rideau, avec dix embrasses et 27 mètres petit câblé.

387 — Lot de 10 mètres 20 cent. damas cramoisi laine et soie; 3 mètres damas vert moiré, laine; 3 mètres vert à raies, laine.

388 — 4 mètres 20 cent. lampas fond cramoisi, dessin gris.

389 — 53 mètres 60 cent. reps de soie bleu à dessin.

390 — 52 mètres 40 cent. reps de soie bleu foncé à grand dessin.

391 — 46 mètres 85 cent. reps de soie, en sept coupons de différentes couleurs.

391 *bis* 5 mètres damas de soie ponceau.

392 — Lot de passementeries, franges or fin et soie, et divers agréments; dix-huit gros glands en laine cramoisie pour lustres.

393 — Lot de quatorze glands, avec bouts de câblé, or fin et soie cerise, trois embrasses or et soie brun foncé, et deux jeux de glands; dix-neuf pièces en tout.

394 — Lot de trente doublures de rideaux, satin de différentes couleurs, de 3 à 4 mètres de hauteur sur 1 mètre 60 cent. à 1 mètre 05 cent. de largeur; le tout ouaté et piqué.

(Ce lot pourra être divisé.)

Objets divers

395 — Panneau d'ornements remis sur châssis, peinture à l'huile sur toile, attribué à Watteau.

(Voir la gravure qui donne ce sujet.)

396 — Cinq châssis, modèle de fleurs, peint par Chabal.

397 — Deux dessus de porte, peinture à l'huile, attribuée à Lagrénée.

398 — Marbre de console brèche sicilienne, contourné sur le devant et sur les côtés.

399 — Autre marbre tout pareil.

400 — Marbre de commode, blanc clair, contourné.

401 — Grand marbre de console (Rence) arrondi aux angles, cassé en deux parties.

402 — Marbre Sainte-Anne arrondi sur les côtés.

403 — Six marbres de consoles, blanc clair, contournés.

(Ce lot sera divisé.)

404 — Une salle de bal sur toile, peinture en détrempe, rehaussée d'or fin, pouvant s'utiliser pour fêtes et bals, se composant de vingt et un morceaux.

405 — Sous ce numéro, seront vendus les objets oubliés.

www.ingramcontent.com/pod-product-compliance
Ingram Content Group UK Ltd.
Pitfield, Milton Keynes, MK11 3LW, UK
UKHW022137260726
13993UKWH00003B/1489